Impressum
Verlag: BABADADA GmbH, Nedderfeld 112 , 22529 Hamburg
Geschäftsführer / Verlagsleitung: Harald Hof
Druck: Books on Demand GmbH, In de Tarpen 42, 22848 Norderstedt

Imprint
Publisher: BABADADA GmbH, Nedderfeld 112 , 22529 Hamburg, Germany
Managing Director / Publishing direction: Harald Hof
Print: Books on Demand GmbH, In de Tarpen 42, 22848 Norderstedt

école

ليكول

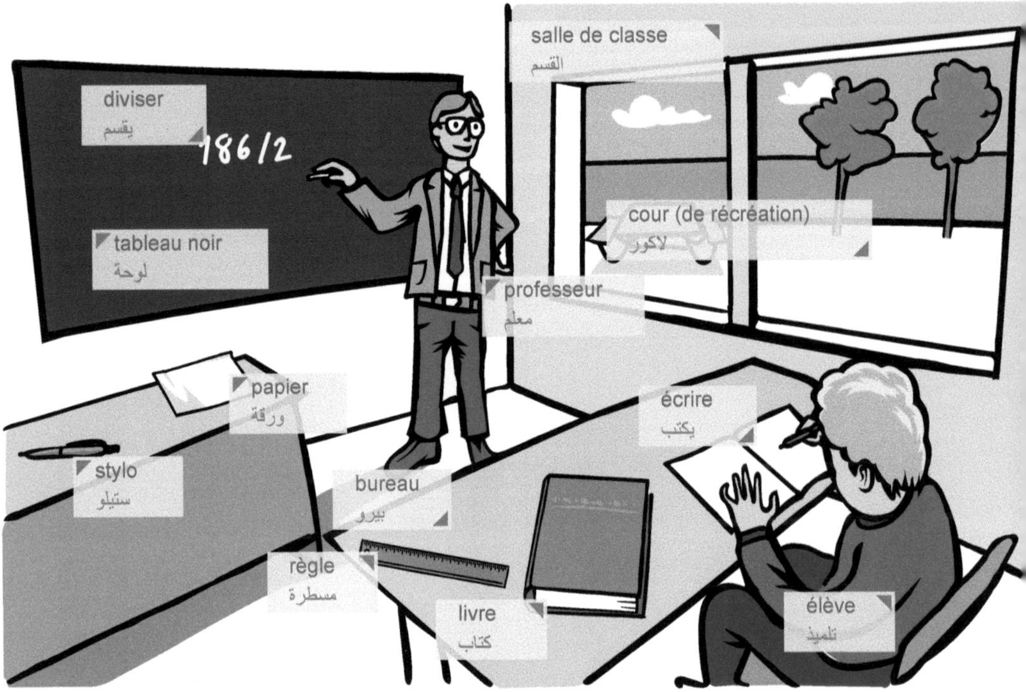

salle de classe
القسم
diviser
يقسم
186/2
tableau noir
لوحة
cour (de récréation)
لاكور
professeur
معلم
papier
ورقة
écrire
يكتب
stylo
ستيلو
bureau
بيرو
règle
مسطرة
livre
كتاب
élève
تلميذ

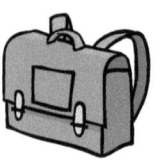

cartable
كرطاب

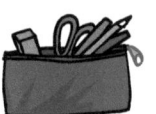

trousse
المقلمة

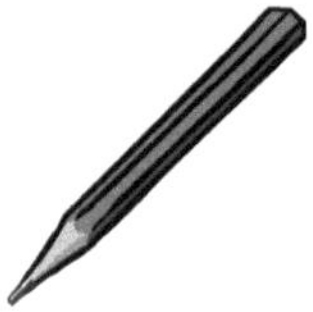

crayon
قلم الرصاص

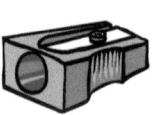

taille-crayon
منجارة

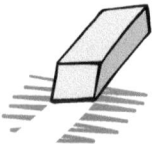

gomme
ممحا

carnet à dessin
الكايي تاع الرسم

dessin

الرسم

pinceau

البانسو

boîte de peinture

باتير

ciseaux

مقص

colle

كولا

cahier d'exercices

كايي تاع التمارين

devoirs

الواجبات

chiffre

النيميرو

additionner

يجمع

soustraire

يطرح

multiplier

يضرب

calculer

يحسب

lettre

الحرف

alphabet

الحروف

mot

كلمة

texte

النص

lire

يقرا

craie

طباشير

leçon

الدرس

livre de classe

دفتر المدرسي

examen

اماريقزيل

certificat

سرتفيكا

uniforme scolaire

اللبة تاع ليكول

formation

التعليم

lexique

ليكسيك

université

الجامعة

microscope

المجهر

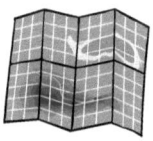

carte

الخريطة

corbeille à papier

بوبال

voyage
فواياج

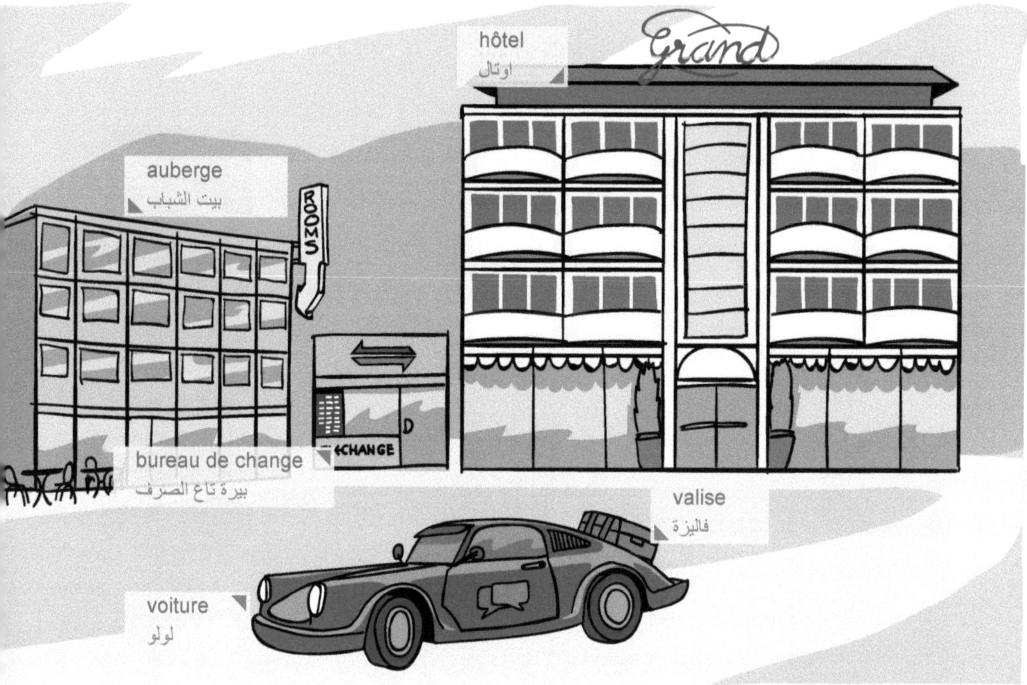
hôtel
اوتال
Grand
auberge
بيت الشباب
ROOMS
bureau de change
بيرة تاع الصرف
CHANGE
valise
فاليزة
voiture
لولو

langue
....
اللغة ليقصدها

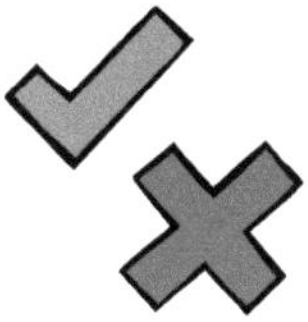

oui / non
....
واه / لا

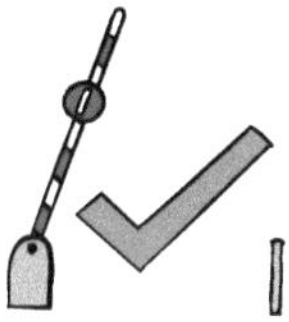

d'accord
....
صحا

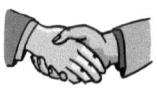

Salut
....
مرحبا

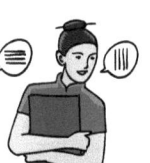

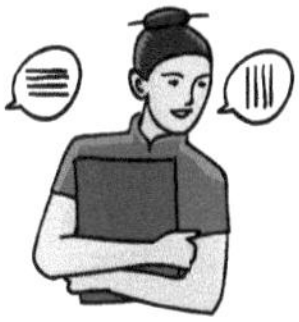

interprète
....
طرجمان

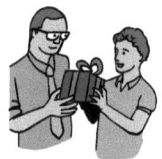

merci
....
صحيت

Combien coûte...?

شحال السومة؟

Je ne comprends pas

مفهمتش

problème

مشكيلة

Bonsoir !

مسلخير

Bonjour !

صباح لخير

Bonne nuit !

تصبح بخير

Au revoir

بسلامة

direction

ديركسيو

bagages

الباقاج

sac

ساك

sac-à-dos

ساكادو

hôte

ضيف

pièce

شمبرا

sac de couchage

ساك تاع رقاد

tente

خيمة

office de tourisme

استعلامات سياحية

plage

بحر

carte de crédit

كارطة ناع الكريدي

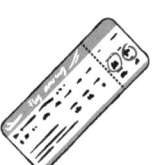

petit-déjeuner

فطور الصباح

déjeuner

الفطور

dîner

العشا

billet

البيي

ascenseur

أسونسير

timbre

تامبر

frontière

الحدود

douane

الديوانة

ambassade

سڤارة

visa

فيزا

passeport

باسبور

transport
نقل

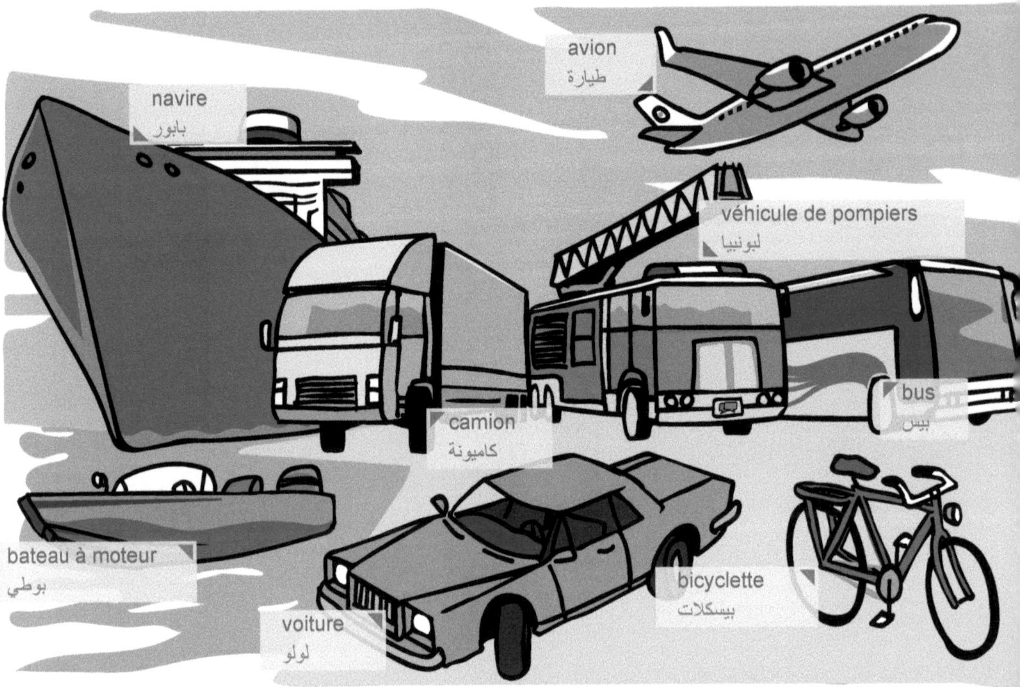

avion
طيارة
navire
بابور
véhicule de pompiers
لبونبيا
camion
كاميونة
bus
بيس
bateau à moteur
بوطي
bicyclette
بيسكلات
voiture
لولو

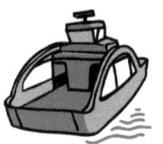

ferry
بابو

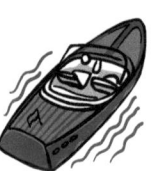

barque
بوطي

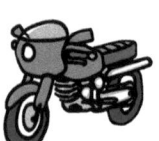

moto
موطو

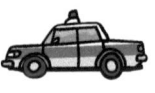

voiture de police
لوطو تاع لابوليس

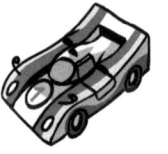

voiture de course
لوطو تاع السيباق

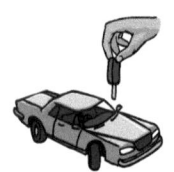

voiture de location
لوطو تاع كرية

auto-partage

لواطا تاع كرية

voiture de remorquage

رومورك

benne à ordures

كاميو تاع الزبل

moteur

موتور

essence

ليسونس

station d'essence

ستاسيون

panneau indicateur

بانو

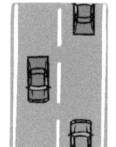

trafic

ترافيك

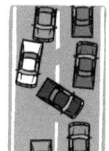

embouteillage

سركالة

parking

باركينغ

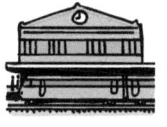

gare

لاقار

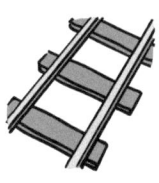

rails

السبيكة

train

قطارا

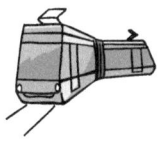

tramway

ترام

wagon

فاغون

hélicoptère

اليكبتار

aéroport

مطار

tour

تور

passager

مسافر

conteneur

كونتنار

carton

كرطونة

chariot

شاريو

corbeille

سلة

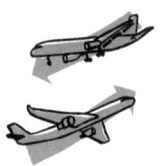

décoller / atterrir

يقلع / يهود

ville

مان

village

قرية

centre-ville

البلاد

maison

دار

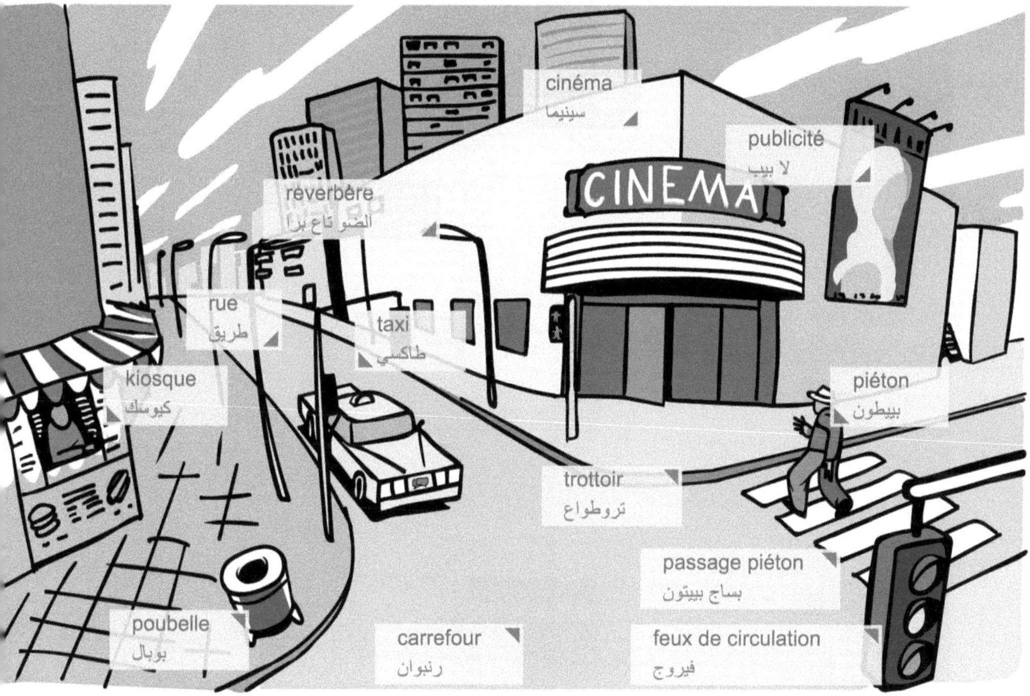

cinéma
سينيما

publicité
لا بيب

réverbère
الضوء تاع برا

rue
طريق

taxi
طاكسي

kiosque
كيوسك

piéton
بييطون

trottoir
تروطوار

passage piéton
بساج بييتون

poubelle
بوبال

carrefour
رنبوان

feux de circulation
فيروج

cabane
كوخ

appartement
برطمان

gare
لاقار

mairie
لاميري

musée
متحف

école
ليكول

université

الجامعة

banque

بانكة

hôpital

سبيطار

hôtel

اوتال

pharmacie

فارماسي

bureau

بيرو

librairie

مكتبة

magasin

حانوت

fleuriste

فلوريست

supermarché

سوبرات

marché

مرشي

grand magasin

حانوت كبير

poissonnerie

مسمكة

centre commercial

سونتر كومرسيال

port

المينا

parc

بارك

banque

بنك

pont

جسر

escaliers

درج

métro

ميترو

tunnel

تونال

arrêt de bus

لاري تاع البيس

bar

بار

restaurant

مطعم

boîte à lettres

صندوق البريد

panneau indicateur

البانوات

parcmètre

مقياس زمن الوقوف

zoo

حديقة حيوانات

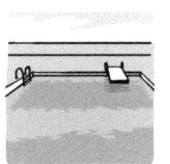

piscine

بيسين

mosquée

جامع

ferme

فيرما

pollution

التلوث

cimetière

مقبرة

église

قليزية

aire de jeux

بارك

temple

معبد

paysage

الريف

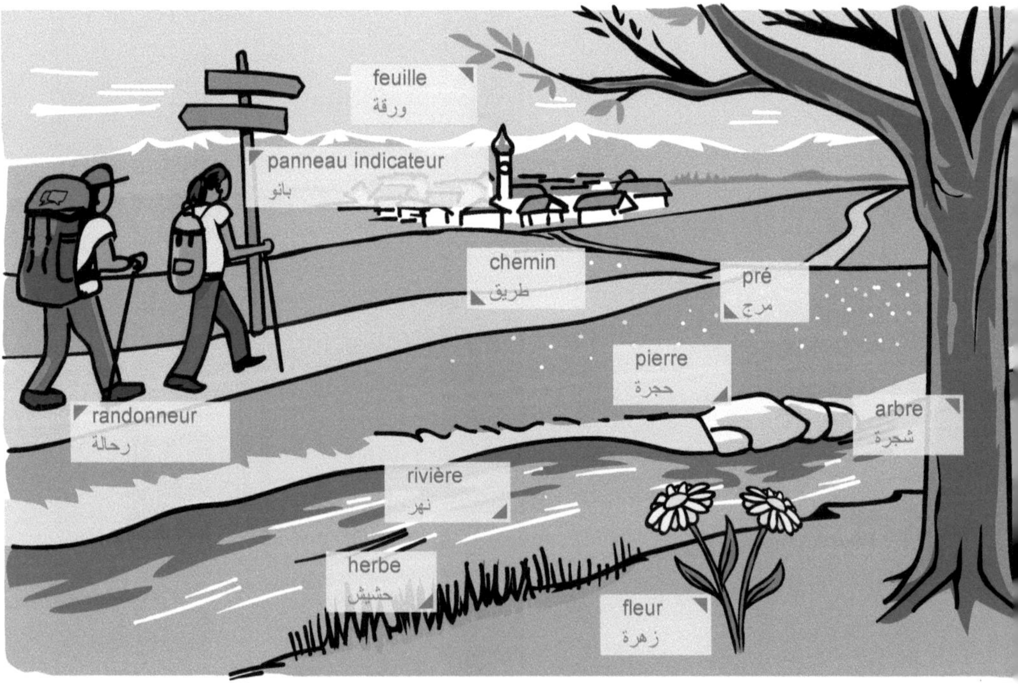

feuille
ورقة

panneau indicateur
بانو

chemin
طريق

pré
مرج

pierre
حجرة

arbre
شجرة

randonneur
رحالة

rivière
نهر

herbe
حشيش

fleur
زهرة

vallée

واد

montagne

جبل

lac

بحيرة

forêt

غابة

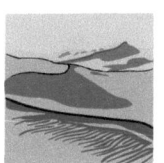

désert

صحرا

volcan

بركان

château

شاطو

arc-en-ciel

قوس قزح

champignon

فطر

palmier

نخلة

moustique

ناموسة

mouche

ذبانة

fourmis

نملة

abeille

نحلة

araignée

رتيلة

coléoptère

خنفوس

grenouille

جرانة

écureuil

سنجاب

hérisson

قنفود

lièvre

قنينة

chouette

بومة

oiseau

زاوش

cygne

بجعة

sanglier

حلوف

cerf

عزالة

élan

إلكة

barrage

سد

éolienne

الطاحونة

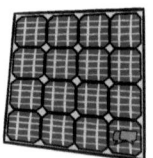

panneau solaire

خلية شمسية

climat

كليما

restaurant
مطعم

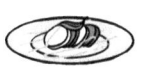

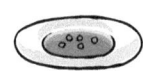

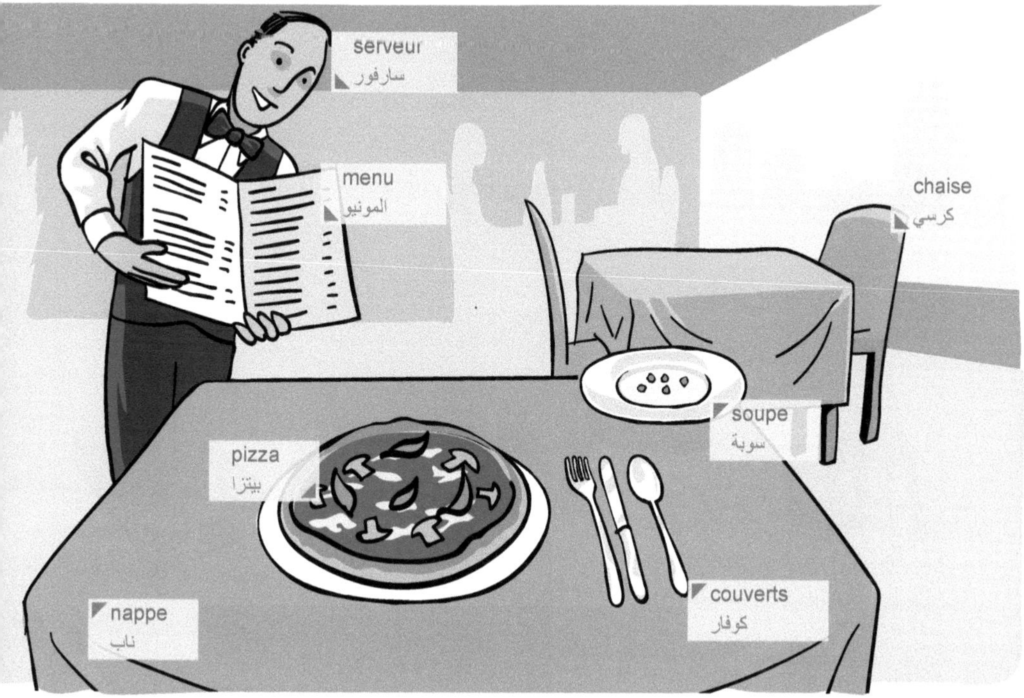
serveur
سارفور
menu
المونيو
chaise
كرسي
soupe
سوبة
pizza
بيتزا
couverts
كوفار
nappe
ناب

hors d'œuvre
....
اوردوفر

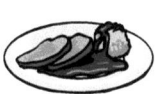

plat principal
....
الطبق الرئيسي

dessert
....
ديسار

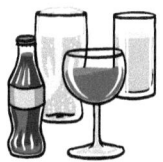

boissons
....
مشروبات

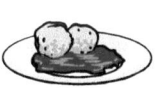

alimentation
....
ماكلة

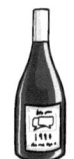

bouteille
....
القرعة

fast-food

فاست فود

plats à emporter

ماكلة نديه معايا

théière

براد اتاي

sucrier

سكرية

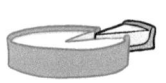

portion

طرف

machine à expresso

ماشينة تاع اكسبريسو

chaise haute

كرسي عالي

facture

فاتورة

plateau

سني

couteau

خدمي

fourchette

فرشيطة

cuillère

مغيرفة

cuillère à thé

مغيرفة تاع لاتاي

serviette

سربيتة تاع الطابلة

verre

كاس

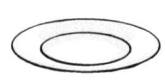

assiette

طبسي

assiette à soupe

بول

soucoupe

طبسي تاع الفنجال

sauce

لاصوص

salière

القوطي تاع الملح

moulin à poivre

طحان تاع الحرور

vinaigre

خل

huile

زيت

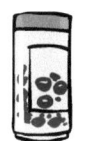

épices

ليزيبيس

ketchup

كتشوب

moutarde

موطارد

mayonnaise

مايونيز

supermarché

سوبرات

offre promotionnelle
بروموسيو
FOR
client
كلويون
produits laitiers
مشتقات الحليب
fruits
فاكية
chariot
شاريو

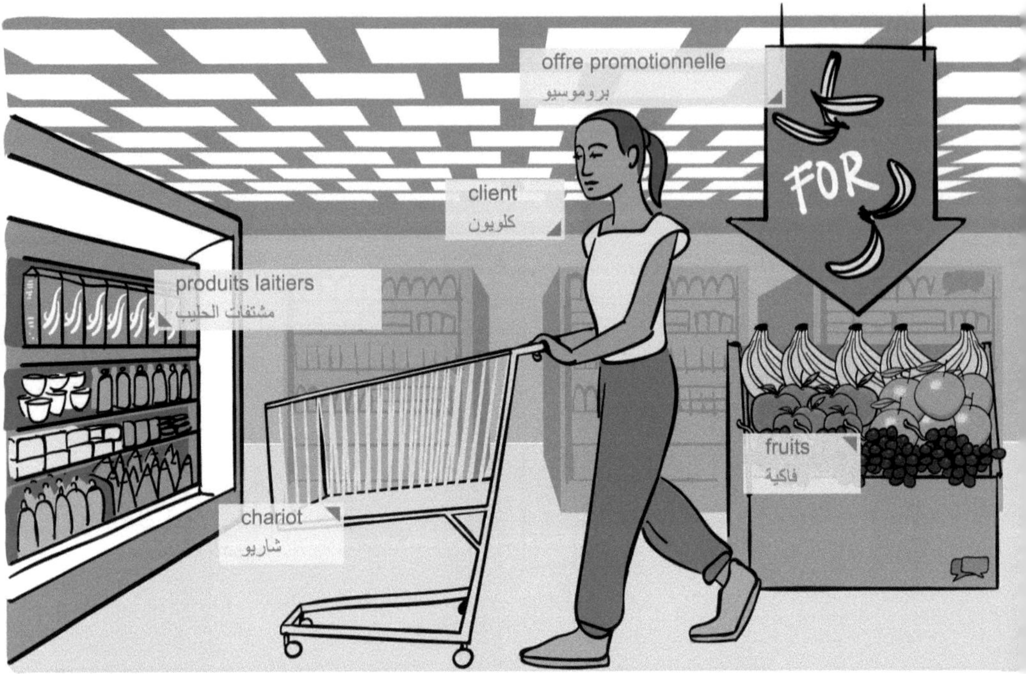

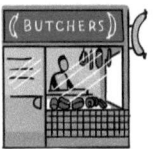

BUTCHERS

boucherie

بوشي

BAKERY

boulangerie

بولونجي

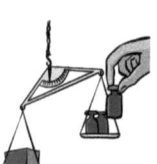

peser

يوزن

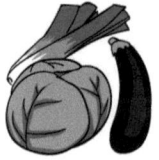

légumes

خضار

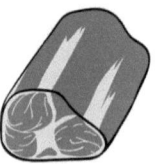

viande

لحم

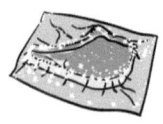

aliments surgelés

سيرجولي

charcuterie

كاشير

conserves

كونسارف

poudre à lessive

الاومو تاع لغسيل

bonbons

الحلويات

articles ménagers

صوالح الدار

détergents

ديتارجو

vendeuse

فوندوز / خدامة فالحانوت

caisse

لاكاس

caissier

كاسيي

liste d'achats

ليستا تاع الشري

heures d'ouverture

سوايع الخدمة

portefeuille

تزرتاتم

carte de crédit

كارطة ناع الكريدي

sac

ساك

sac en plastique

بورسة

boissons

مشروبات

eau

الما

jus de fruit

جو

lait

حليب

coca

كوكا

vin

الشراب

bière

البيرة

alcool

شراب

chocolat chaud

كاكاو

thé

لاتاي

café

قهوة

expresso

اكسبريسو

cappuccino

كابوتشينو

banane

بانانة

pomme

تفاح

orange

تشينا

melon

بطيخ

citron

ليم

carotte

كروطة / زرودية

ail

ثوم

bambou

بانيو

oignon

بصل

champignon

شانبينيو

noisettes

بندق

pâtes

ليبيات

spaghetti

سباقيتي

riz

روز

salade

سلاطة

pommes frites

ليفريت

pommes de terre rôties

ليفريت

pizza

بيتزا

hamburger

هانبورقر

sandwich

سندويش

escalope

اسكالوب

jambon

لحم الحلوف

salami

سامي

saucisse

مرقاز

poulet

جاجة

rôti

لحم مشوي

poisson

حوت

flocons d'avoine

شوفان

muesli

موسلي

cornflakes

كورن فلكس

farine

فرينة

croissant

كرواسون

petits-pains

خبيزة

pain

الخبز / كسرة

pain grillé

خبز محمر

biscuits

بيسكوي

beurre

زبدة

le fromage blanc

لبن

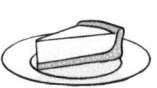

gâteau

قاطو

œuf

بيض

œuf au plat

بيض مقلي

fromage

فرماج

glace

لاكرام

sucre

سكر

miel

عسل

confiture

كونفتير

crème nougat

نوقا

curry

الكاري

ferme
فيرما

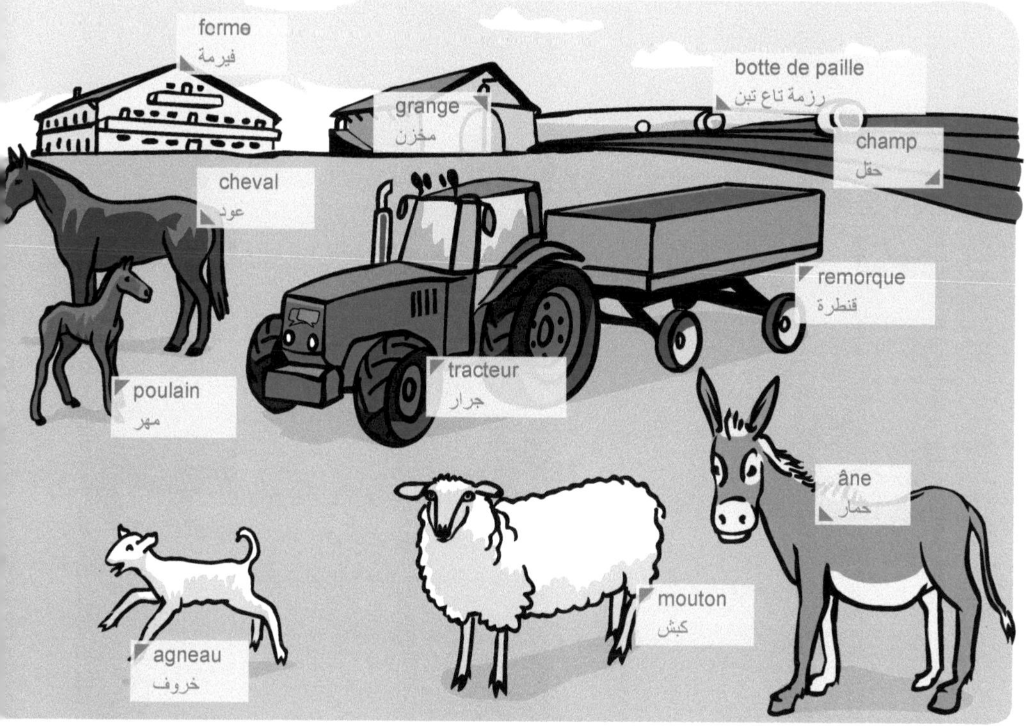

ferme
فيرمة
grange
مخزن
botte de paille
رزمة تاع تبن
champ
حقل
cheval
عود
remorque
قنطرة
tracteur
جرار
poulain
مهر
âne
حمار
mouton
كبش
agneau
خروف

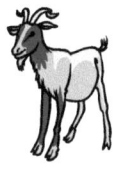

chèvre

معزة

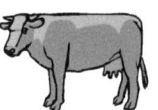

vache

بقرة

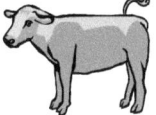

veau

عجل

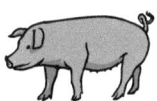

porc

حلوف

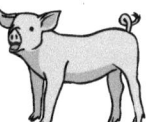

porcelet

حلوف صغير

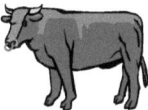

taureau

طورو

oie

وزة

canard

بطة

poussin

فلوس

poule

جاجة

coq

كودرس

rat

بوطا

chat

قطة

souris

فأر

bœuf

ثور

chien

كلب

chenil

دار الكلب

tuyau de jardin

تييبو

arrosoir

إبريق

faucheuse

منجل

charrue

محراث

faucille

منجل

pioche

الفاس

fourche

مذراة الزبل

hache

شاقور

brouette

برويطة

cuve

معلف

pot à lait

قابة تاع حليب

sac

ساشيا

clôture

سياج

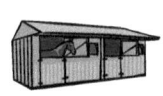

étable

صطبل

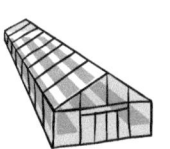

serre

بوطاجي

sol

تراب

semences

بْذور

engrais

سماد

moissonneuse-batteuse

حصادة

récolter

يحصد

récolte

الغلة

igname

بطاط

blé

قمح

soja

صويا

pomme de terre

بطاطا

maïs

ماييس

colza

سلجم

arbre fruitier

شجرة تاع فاكية

manioc

منيهوت

céréales

الحبوب

maison

دار

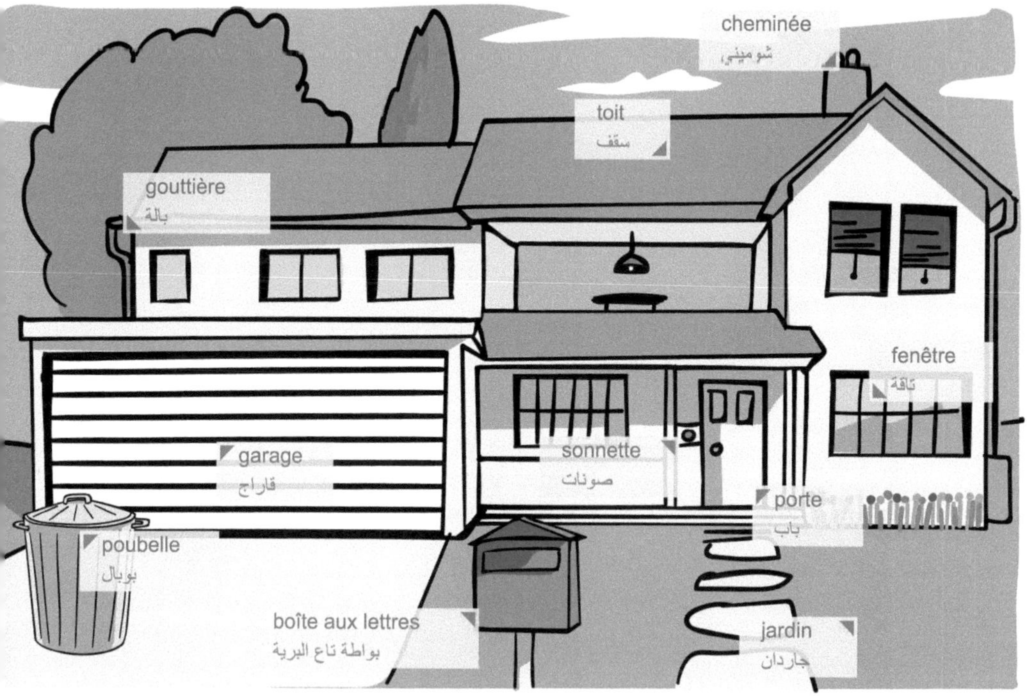
cheminée
شوميني
toit
سقف
gouttière
بالة
fenêtre
تاقة
garage
قاراج
sonnette
صونات
porte
باب
poubelle
بوبال
boîte aux lettres
بواطة تاع البرية
jardin
جاردان

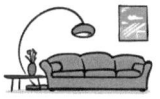

salon

صالون

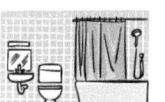

salle de bain

الحمام

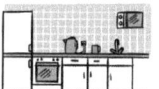

cuisine

كوزينا

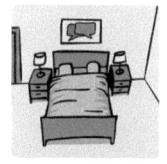

chambre à coucher

شامبرا تاع رقاد

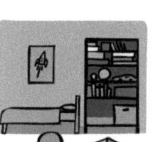

chambre d'enfant

شمبرا تاع ذراري

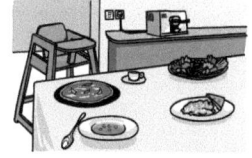

salle à manger

صالة مونجي

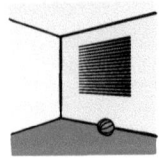

sol

لرض

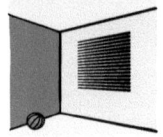

mur

حيط

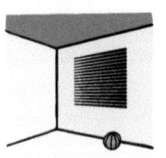

plafond

بلافو

cave

كافا

sauna

سونا

balcon

بالكون

terrasse

تيراسة

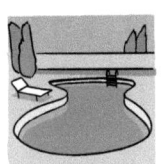

piscine

بيسين

tondeuse à gazon

جزارة تاع حشيش

housse

ااوس

couette

كووات

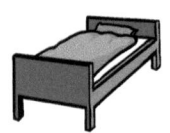

lit

ناموسية

balai

مصلحة

sceau

بيدو تاع صليح

interrupteur

انتغبتور

salon
صالون

papier peint
ورق تاع حيطان
image
تصويرة
lampe
لامبا
étagère
ايتجار
armoire
بلاكار
télé
تيليفزيون
cheminée
شوميني
fleur
زهرة
coussin
مخدة
sofa
صافا
vase
فاز
télécommande
تيليكومند

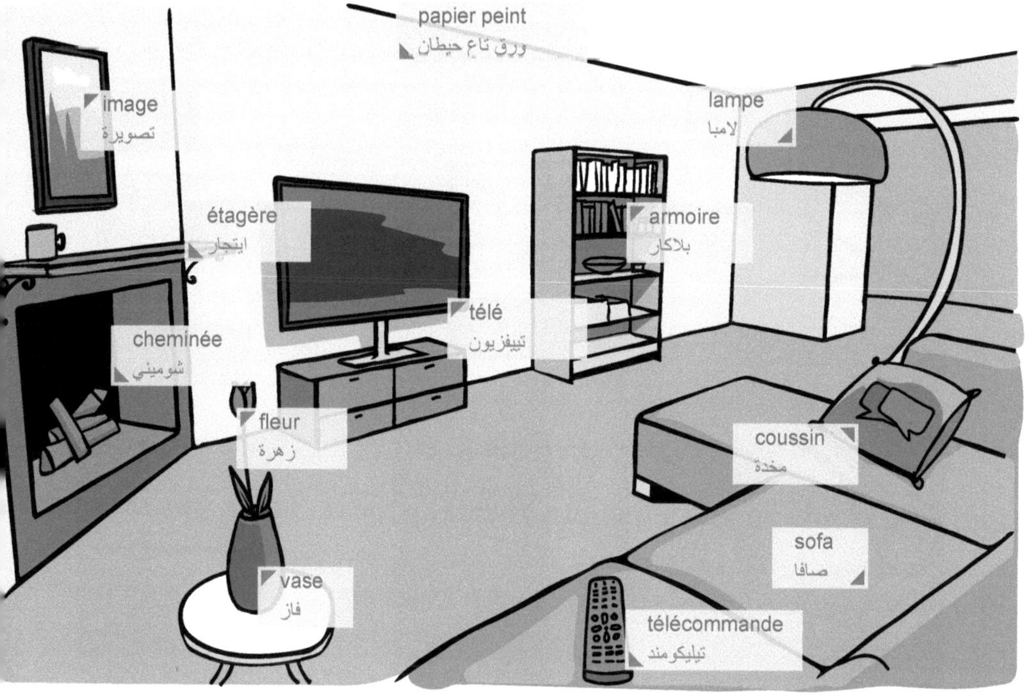

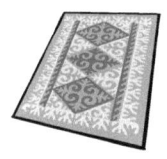

tapis
طابي

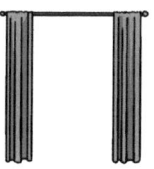

rideau
ريدو

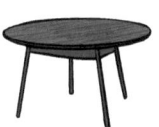

table
طابلة

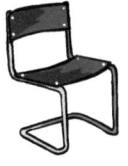

chaise
كرسي

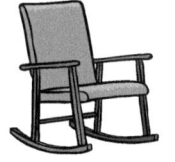

chaise à bascule
كرسي يبوجي

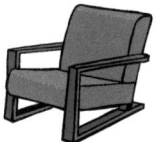

fauteuil
فوتاي

livre

كتاب

couverture

طوفيرطة

décoration

زواق

bois de chauffage

الحطب

film

فيلم

chaîne hi-fi

الستيريو

clé

مفتاح

journal

جرنان

peinture

كادر

poster

بوستار

radio

راديو

bloc-notes

كناش

aspirateur

اسبيراتور

cactus

صبار

bougie

شمعة

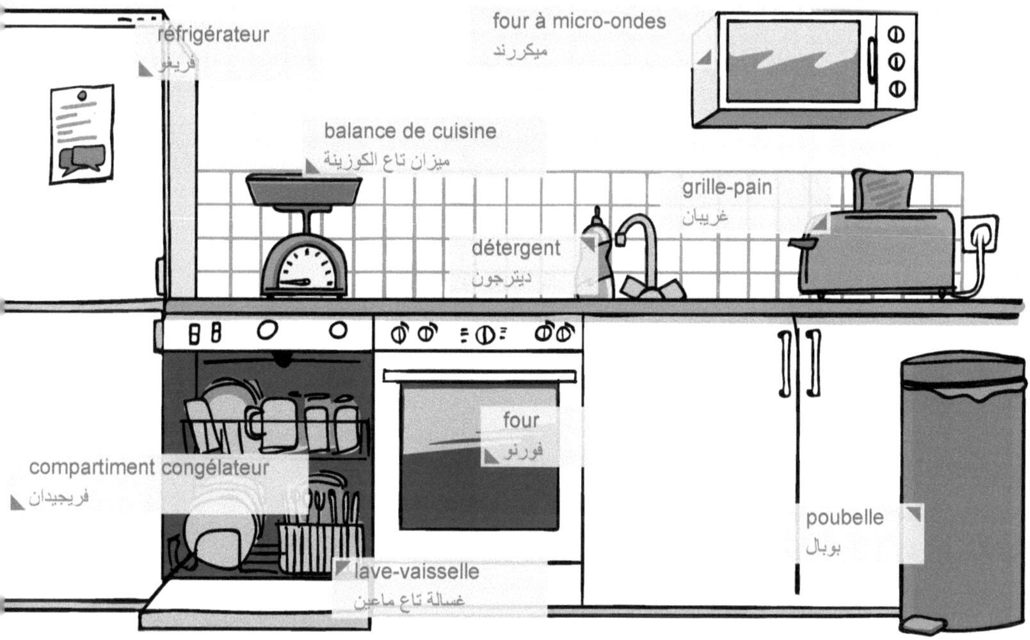

réfrigérateur
فريجو ◄

four à micro-ondes
ميكرروند

balance de cuisine
◄ ميزان تاع الكوزينة

grille-pain
غريبان

détergent
ديترجون

four
◄ فورنو

compartiment congélateur
◄ فريجيدان

poubelle
بوبال

lave-vaisselle
غسالة تاع ماعين

four

الفور

casserole

قدرة

marmite

مرميطا

wok / kadai

طاوة غامقة

poêle

مقلة

bouilloire electrique

غلاية

cuiseur vapeur

قدرة

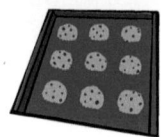

plaque de cuisson

سيني

vaisselle

ماعين

gobelet

قوبلي

coupe

طبسي

baguettes

مطارق تاع الماكلة

louche

لوشة

spatule

سباتولة

fouet

الضرابة

passoire

كسكاس

tamis

صفاية

râpe

راب

mortier

مهراز

barbecue

شواية

cheminée

موقد

planche à découper

بلونشا

rouleau à pâtisserie

رولو

tire-bouchon

الحلال

boîte

قابسة

ouvre-boîte

الحلال

maniques

كتان

lavabo

لافابو

brosse

بروسة

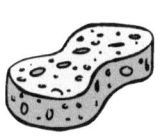

éponge

بونجة

mixeur

الخلاط

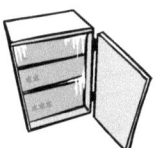

congélateur

فريغو

biberon

بيبرونة

robinet

سبالة

salle de bain

الحمام

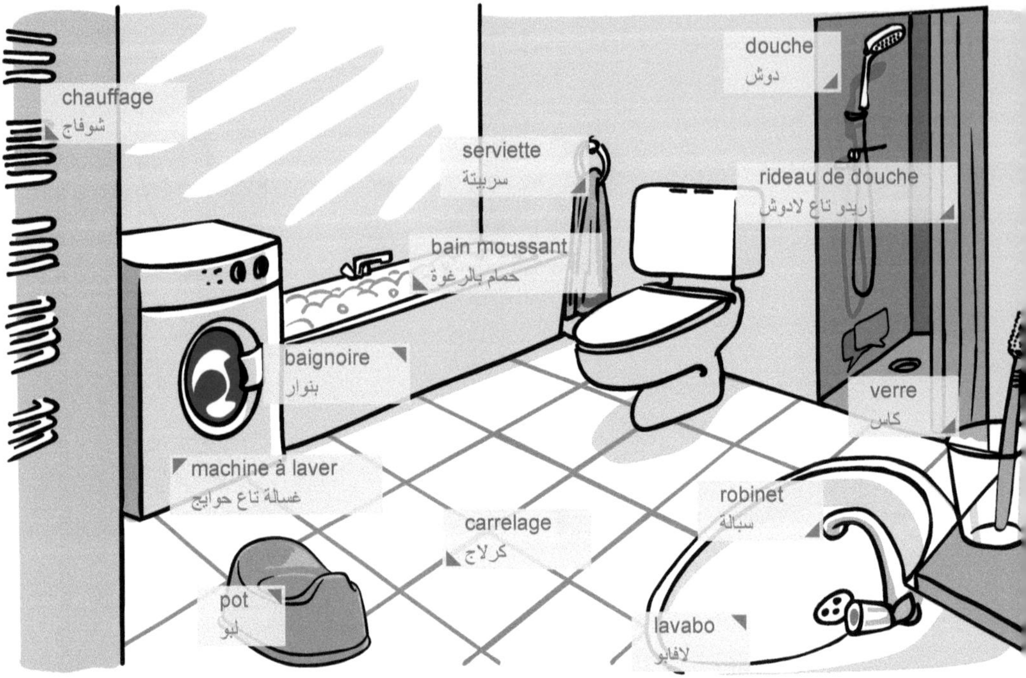

douche
دوش
chauffage
شوفاج
serviette
سربيتة
rideau de douche
ريدو تاع لادوش
bain moussant
حمام بالرغوة
baignoire
بنوار
verre
كاس
machine à laver
غسالة تاع حوايج
robinet
سبالة
carrelage
كرلاج
pot
لبو
lavabo
لافابو

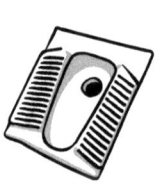

toilettes
توالات

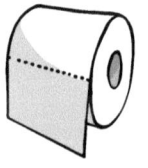

toilette à la turque
توالات تركي

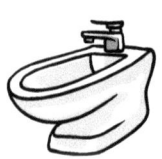

bidet
غسال الرجلين

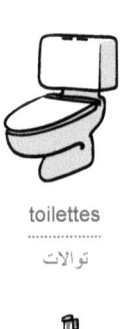

urinoir
مبولة

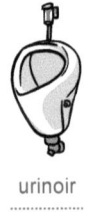

papier toilette
ورق تاع توالات

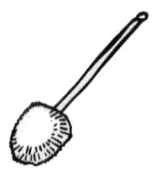

brosse à toilette
بروسة تاع توالات

brosse à dents

بروسدون

dentifrice

دونتفريس

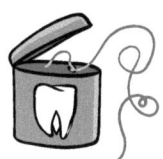

fil dentaire

خيط السنان

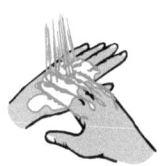

laver

يغسل

douche manuelle

دوشات تاع دوش

douche intime

دوشات

vasque

لافابو

brosse dorsale

بروسا تاع الظهر

savon

صابون

gel douche

جال دوش

shampooing

شنبوان

gant de toilette

الحبل

écoulement

قادوس

crème

بومادة

déodorant

ديودورون

miroir

مراية

miroir cosmétique

مراة صغيرة

rasoir

رازوار

mousse à raser

لاموس

après-rasage

كولون

peigne

مشطة

brosse

بروسة

sèche-cheveux

سشوار

laque pour cheveux

مثبت الشعر

fond de teint

مكياج

rouge à lèvres

روجالافر

vernis à ongles

فرني

ouate

قطن

coupe-ongles

كوبنغل

parfum

ريحة

trousse de toilette

تروسة تاع حمام

tabouret

طابوري

pèse-personne

ميزان

peignoir

بينوار

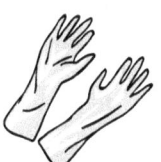

gants de nettoyage

ليغونات تاع النيتواياج

tampon

تمبون

serviettes hygiéniques

ليبوند

toilette chimique

توالات

chambre d'enfant

شمبرا تاع ذراري

réveil
ريفاي
doudou
نونورس
voiture jouet
لوطو جوي
hochet
الخشخاش
maison de poupée
دار تاع بوبيات
cadeau
كادو

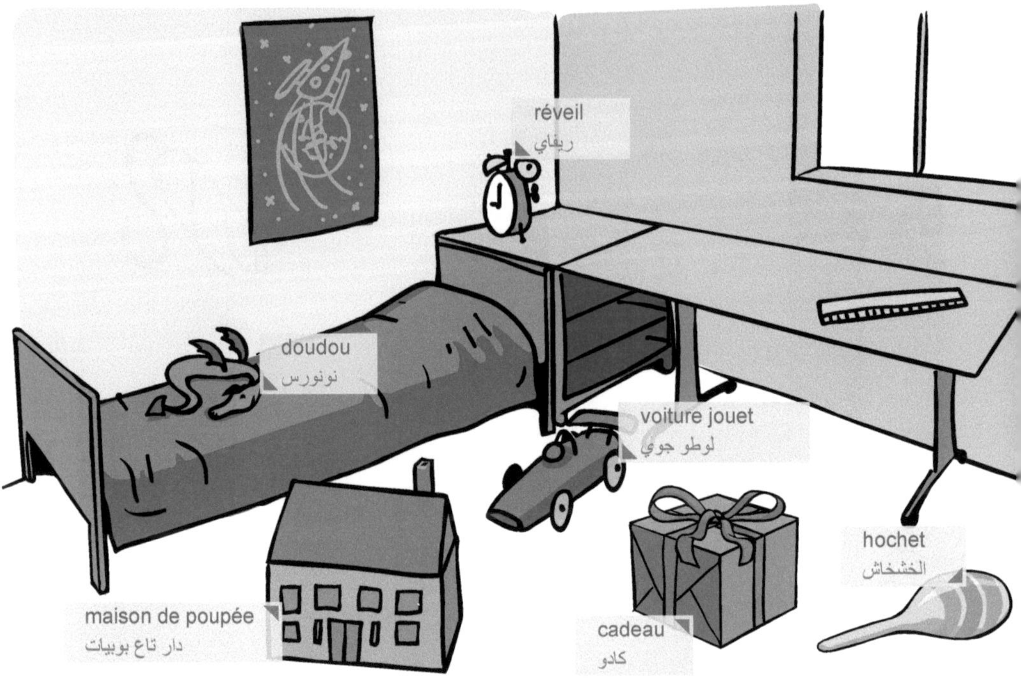

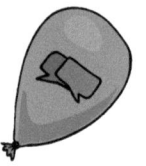

ballon

بالونة / نسافة

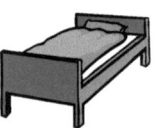

lit

ناموسية

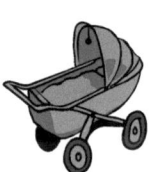

poussette

بوسات

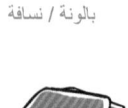

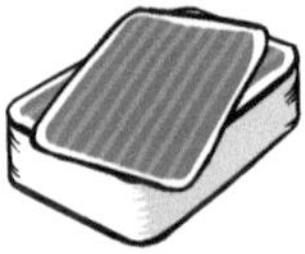

jeu de cartes

الكارطة

puzzle

البوزيل

SUPER
MEGA

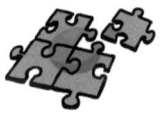

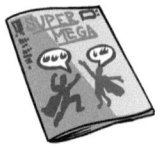

bande dessinée

بوند ديسيني

pièces lego

الليغو

blocs de construction

حجر يبنوه

figurine

بوبية

grenouillère

لبسة تاع البيبي

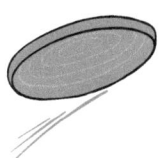

frisbee

فريزي

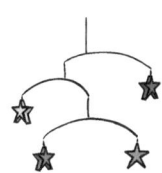

mobile

اللهاية

jeu de société

لعبة الطابلة

dé

الدي

train miniature

التران

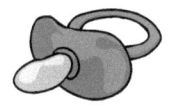

sucette

سوسات

fête

حفلة / الفيشطة

livre d'images

كتاب بتصاوير

balle

بالون

poupée

بوبية

jouer

يلعب

bac à sable

بارك بالرملة

balançoire

بنصوار

jouets

جوي

console de jeu

منيطا

tricycle

بيسكلات

ours en peluche

دبدوب

armoire

ماريو

vêtements

حوايج

chaussettes

تقاشر

bas

ليبا

collant

كولو

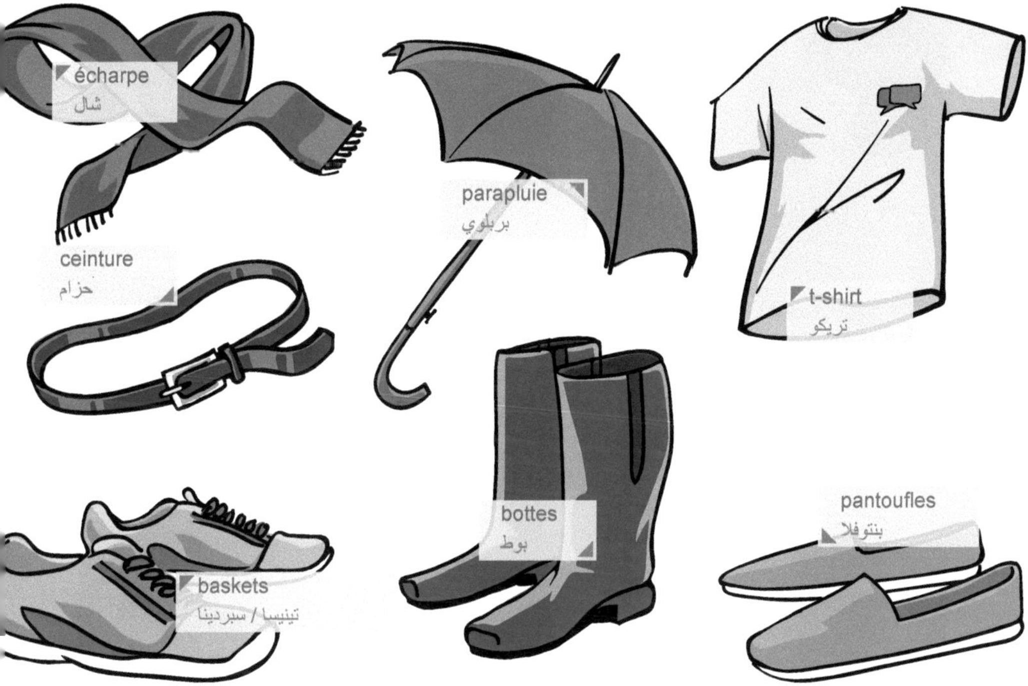

écharpe
شال

parapluie
بربلوي

t-shirt
تريكو

ceinture
حزام

bottes
بوط

pantoufles
بنتوفلا

baskets
تينيسيا / سبردينا

sandales	chaussures	bottes de caoutchouc
صندالة	صباط	بوط بلاستيك

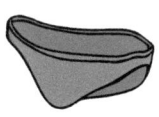

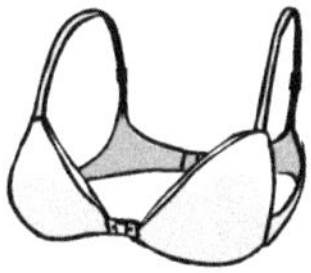

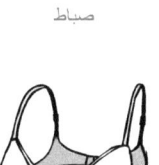

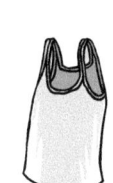

sous-vêtements	soutien-gorge	maillot de corps
كالسون	سوتيان	حويج تاع داخل

body

لاسق على الجسم

pantalon

سروال

jean

جين

jupe

جيبا

chemisier

طابلية

chemise

قمجة

pull

تريكو

sweat à capuche

قارديقون

veste

بلازار

veste

فيستا

manteau

بالطو

imperméable

بالطو

costume

كوستيم

robe

روبا

robe de mariée

روب بلونش

costume

كوستيم

chemise de nuit

شوميز دونوي

pyjama

بيجاما

sari

ساري

foulard

حجاب

turban

عمامة

burqa

برقع

caftan

قفطان

abaya

عباية

maillot de bain

مايو

maillot de bain

سروال تاع عوم

short

شورت

tenue d'entraînement

لبسة تاع سبور

tablier

طابلية

gants

ليقونات

bouton

قفلة

lunettes

نواظر

bracelet

براسلي

collier

سنسلة

bague

خاتم

boucle d'oreille

منقوش

bonnet

بوني

cintre

سانتر

chapeau

شابو

cravate

قرافاطة

fermeture éclair

غيمة

casque

كاسك

bretelles

بروتال

uniforme scolaire

اللبة تاع ليكول

uniforme

لينيفورم

bavoir

رياقة

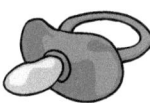

sucette

سوسات

lange

ليكوش

bureau

بيرو

serveur

سارفر

armoire d'archivage

خزانة تاع الملفات

imprimante

امبريمانت

écran

ليكرون

papier

ورقة

bureau

بيرو

souris

لاسوري

classeur

كلاسور

clavier

كلافيي

corbeille à papier

بوبال

ordinateur

اورديناتور

chaise

كرسي

tasse de café

كاس قهوة

calculatrice

كاكولاتريس

internet

لانترنت

ordinateur portable

اورديناتور

lettre

برية

message

ميساج

portable

بورطابل

réseau

ريزو

photocopieuse

فوطوكوبي

logiciel

لوجسيال

téléphone

تيلفون

prise

بريزة

fax

فاكس

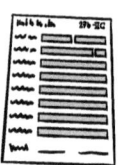

formulaire

استمارة

document

وثيقة

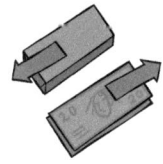

acheter

يشري

payer

يخلص

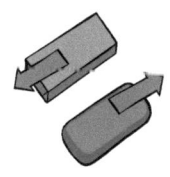

faire du commerce

يتاجر

monnaie

دراهم

dollar

دولار

euro

اورو

yen

ين

rouble

روبل

franc suisse

فرنك سويسري

renminbi yuan

يوان

roupie

روبية

distributeur automatique

ديستريبيتور

bureau de change

بيرة تاع الصرف

or

ذهب

argent

فضة

pétrole

نفط

énergie

طاقة

prix

السومة

contrat

عقد

taxe

طاكس

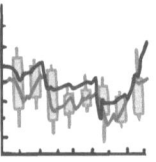

action

سهم

travailler

يخدم

employé

خدام

employeur

مول الشي

usine

وزين

magasin

حانوت

professions
الخدمة

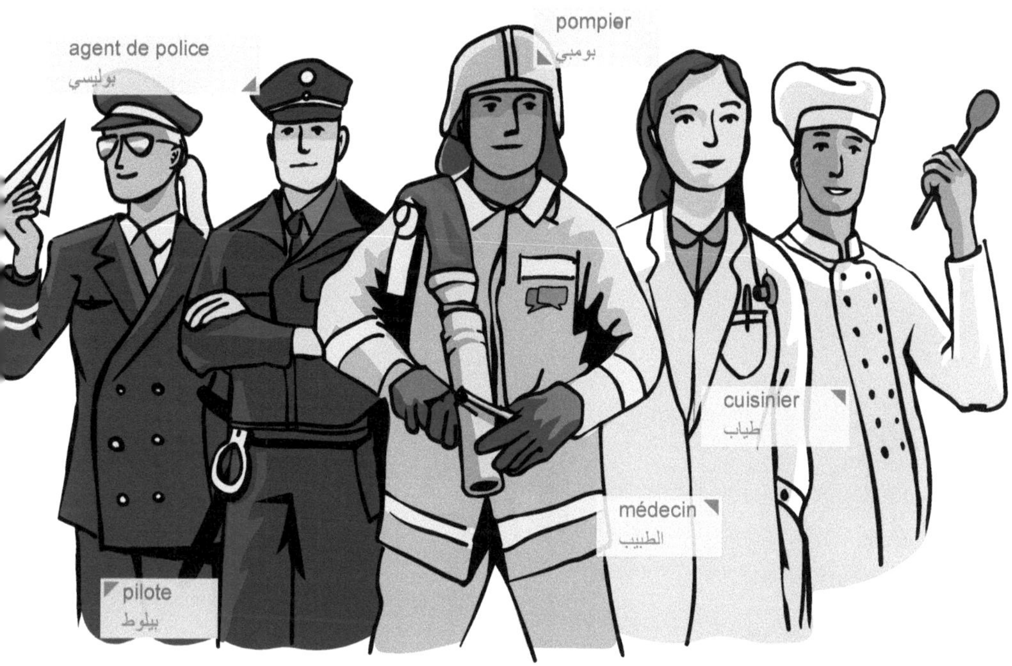
agent de police
بوليسي
pompier
بومبي
cuisinier
طياب
médecin
الطبيب
pilote
بيلوط

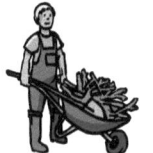

jardinier

جرديني

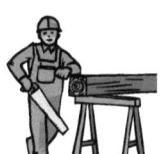

menuisier

نجار

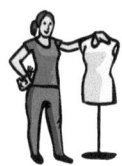

couturière

خياط

juge

قاضي

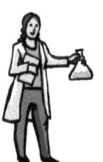

chimiste

شيميك

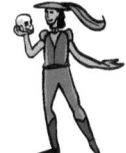

acteur

ممثل

conducteur de bus

شوفير

chauffeur de taxi

طاكسيور

pêcheur

صياد

femme de ménage

خدامة

couvreur

ماصو تاع الصقف

serveur

سارفور

chasseur

صياد

peintre

بنتار

boulanger

خباز

électricien

الكتريسيان

ouvrier

ماصون

ingénieur

مهندس

boucher

بوشي

plombier

بلومبي

facteur

فاكتور

soldat

جندي

architecte

ارشيتكت

caissier

كاسسي

fleuriste

بياع اورد

coiffeur

كوافير

contrôleur

الكنترول

mécanicien

ميكانيسيان

capitaine

كابيتان

dentiste

طبيب سنان

scientifique

عالم

rabbin

حاخام

imam

امام

moine

موان

prêtre

موان

outils
ليزوتي

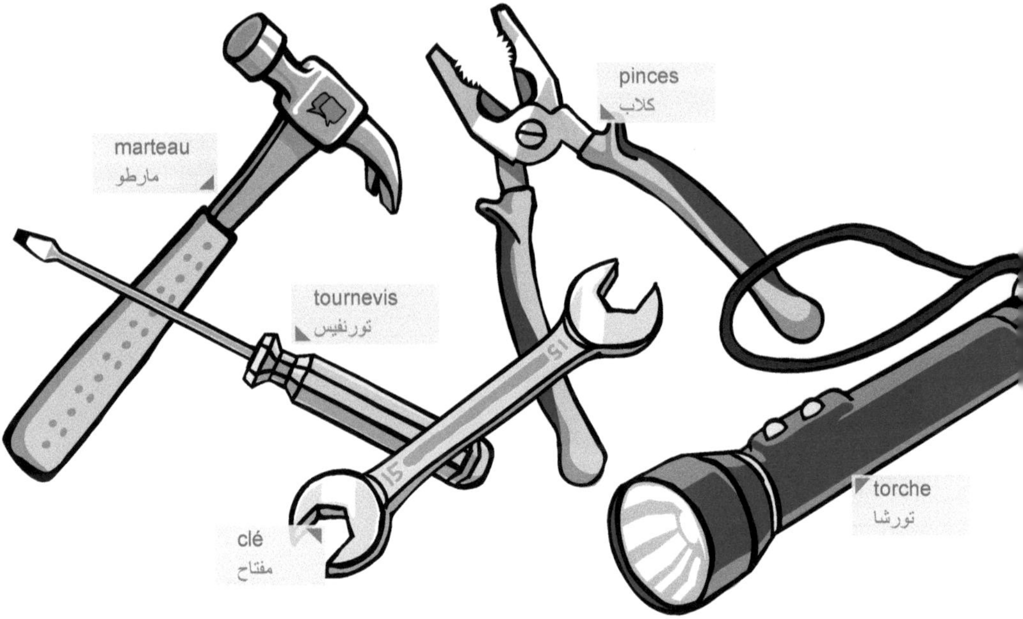

pinces
كلاب
marteau
مارطو
tournevis
تورنفيس
clé
مفتاح
torche
تورشا

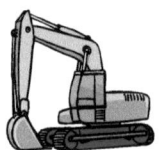

pelleteuse

جرافة

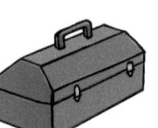

boîte à outils

قايصة نتاع ليزوتي

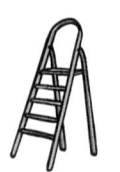

échelle

سلوم

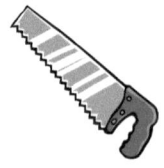

scie

منشار

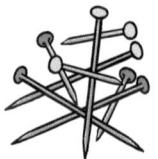

clous

مسامير

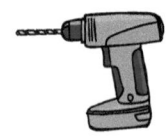

perceuse

برسوز

réparer

يصنع

pelle

البالة

Mince !

ياويلي

pelle

بالا

pot de peinture

بو تاع بنتورة

vis

ليفيس

instruments de musique
آلات موسيقية

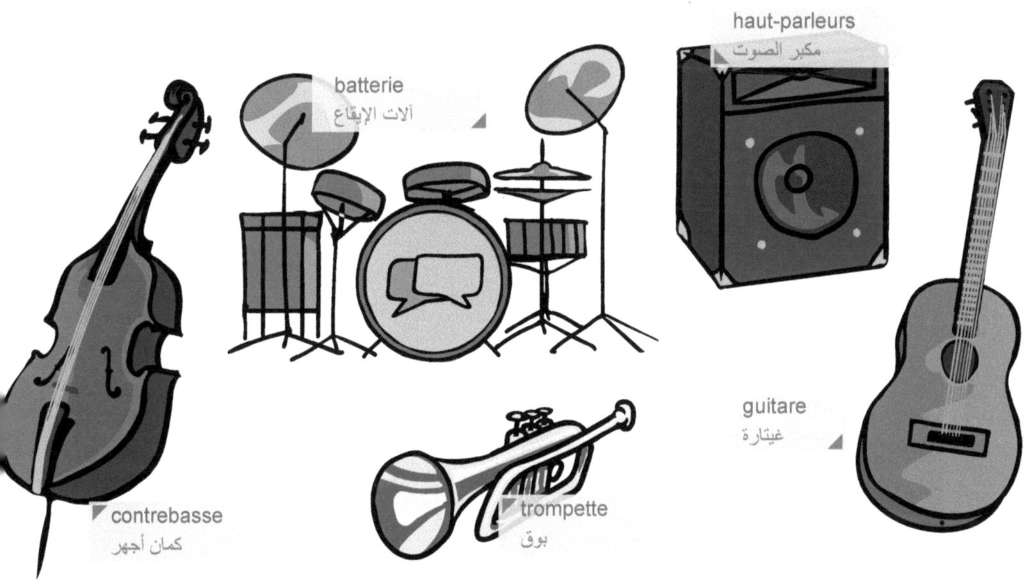

haut-parleurs

مكبر الصوت

batterie

آلات الإيقاع

guitare

غيتارة

contrebasse

كمان أجهر

trompette

بوق

piano

بيانو

violon

كمنجة

basse

جهير

timbales

طبل كبير

tambour

طبل

piano électrique

بيانو كهربائي

saxophone

ساكسوفون

flûte

ناي

microphone

ميكروفون

ZOO

حديقة حيوانات

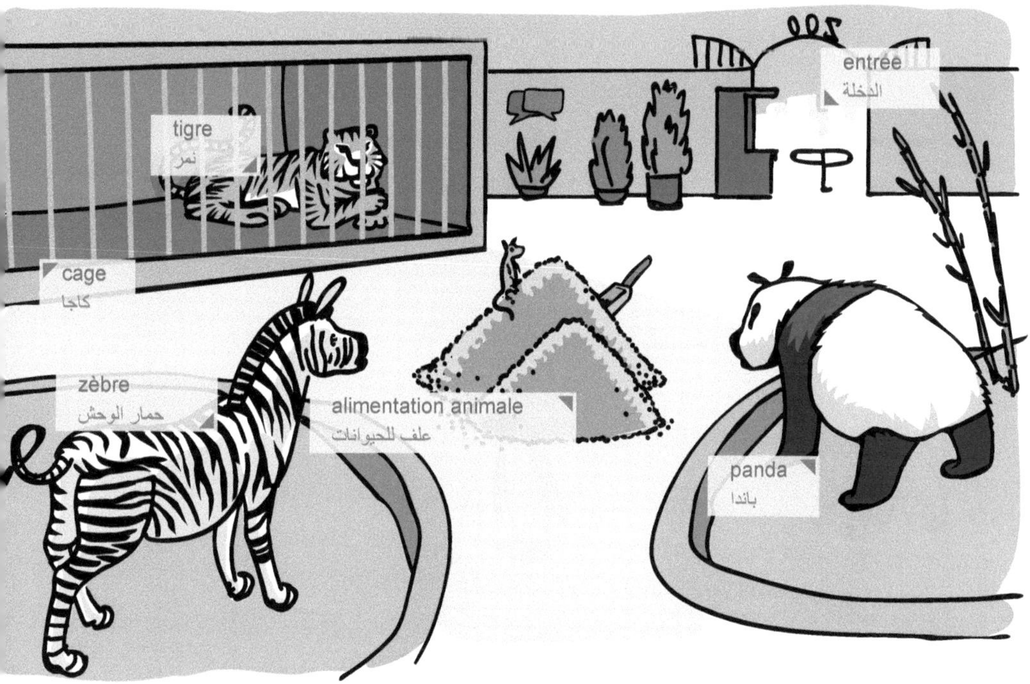
entrée
المدخلة
tigre
نمر
cage
كاجا
zèbre
حمار الوحش
alimentation animale
علف للحيوانات
panda
باندا

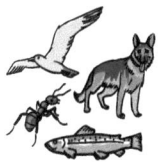

animaux

حيوانات

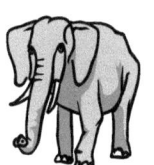

éléphant

فيل

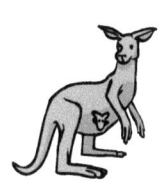

kangourou

كنغر

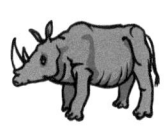

rhinocéros

وحيد القرن

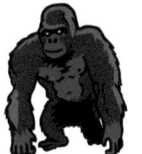

gorille

غوريلا

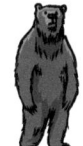

ours

دب

chameau

جمل

autruche

نعامة

lion

سبع

singe

تشيطا

flamand rose

فلامونغوز

perroquet

بيروكي

ours polaire

دب قطبي

pingouin

بطريق

requin

سمك القرش

paon

طاووس

serpent

لفعة

crocodile

تمساح

gardien de zoo

عساس في حديقة الحيوان

phoque

عجل البحر

jaguar

نمر أمريكي مرقط

poney

فرس قزم

léopard

نمر

hippopotame

فرس النهر

girafe

زرافة

aigle

نسر

sanglier

حلوف

poisson

حوت

tortue

فكرون

morse

حيوان فظ البحري

renard

ثعلب

gazelle

غزال

american Football
بالون اميريكا

cyclisme
الركبة تاع البيسكلت

tennis
تينيس

basket-ball
باسكات

natation
العوم

boxe
بوكس

hockey sur glace
هوكي

football
بالون

badminton
الريشة الطائرة

athlétisme
اتلاتيزم

handball
الهوند

ski
سكي

polo
بولو

sauter
ينقز

embrasser
يعانق

rire
يضحك

marcher
يمشّي

chanter
يغني

prier
يصلي

faire la bise
يبوس

rêver
ينوم

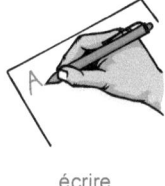

écrire
يكتب

dessiner
يرسم

montrer
يوري

pousser
يدمر

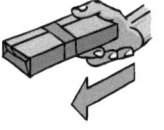

donner
يعطي

prendre
يدي

avoir

يملك

faire

يخدم

être

كاين

être debout

يوقف

courir

يجري

trier

يجبد

jeter

يقيس / يرمي

tomber

يطيح

être couché

يتكسل

attendre

يشوف

porter

يرفد

être assis

يقعد

s'habiller

يلبس

dormir

يرقد

se réveiller

ينوظ

regarder

يتشوف في

pleurer

يبكي

caresser

يحك

peigner

يمشّط

parler

يهدر

comprendre

يفهم

demander

يتقسّي

écouter

يسمع

boire

يشرب

manger

ياكل

ranger

يخمل

aimer

يبغي

cuire

يطيّب

conduire

يصوق

voler

يطير

faire de la voile

يبحر بالفلوكة

calculer

يحسب

lire

يقرا

apprendre

يتعلم

travailler

يخدم

se marier

يتزوج

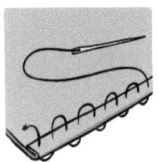

coudre

يخيط

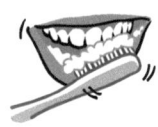

brosser les dents

يغسل سنانو

tuer

يكتل

fumer

يكمى

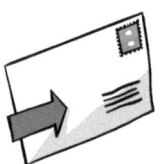

envoyer

يرسل

famille
لعايلة

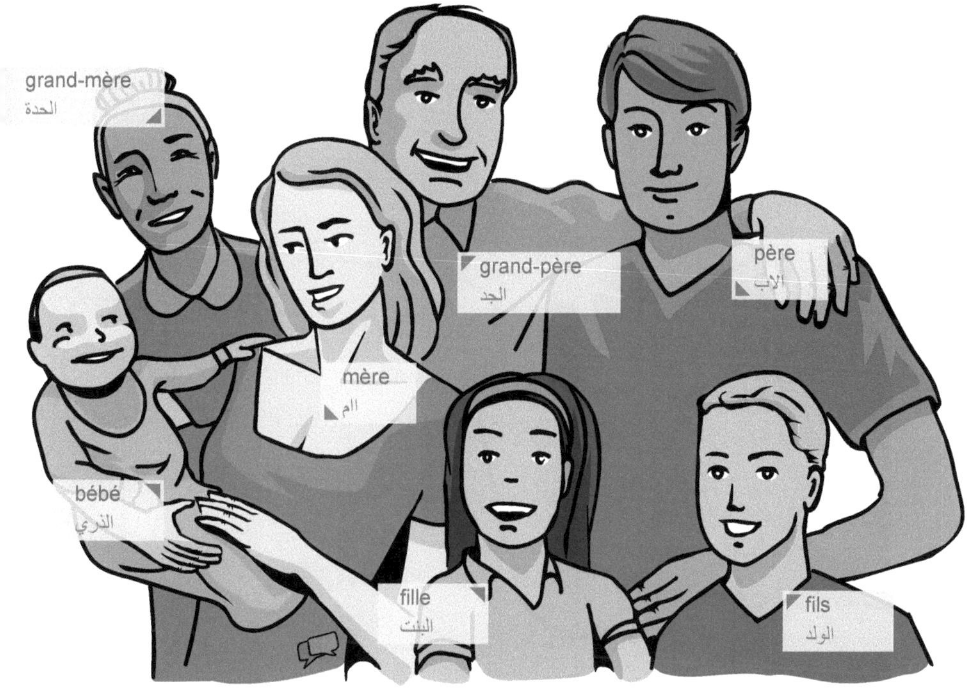

grand-mère
الجدة
grand-père
الجد
père
الاب
mère
الم
bébé
الذري
fille
البنت
fils
الولد

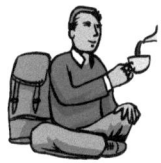

hôte

ضيف

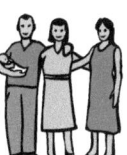

tante

العمة / الخالة

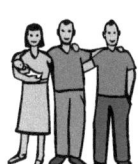

oncle

العم / الخال

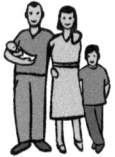

frère

الخو

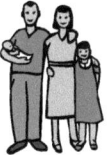

sœur

الخت

corps

الجسم

front
الجبهة
œil
العين
épaule
الكتف
doigt
صبع
visage
الوجه
menton
اللحية
main
اليد
jambe
الساق
poitrine
الصدر
bras
الذراع

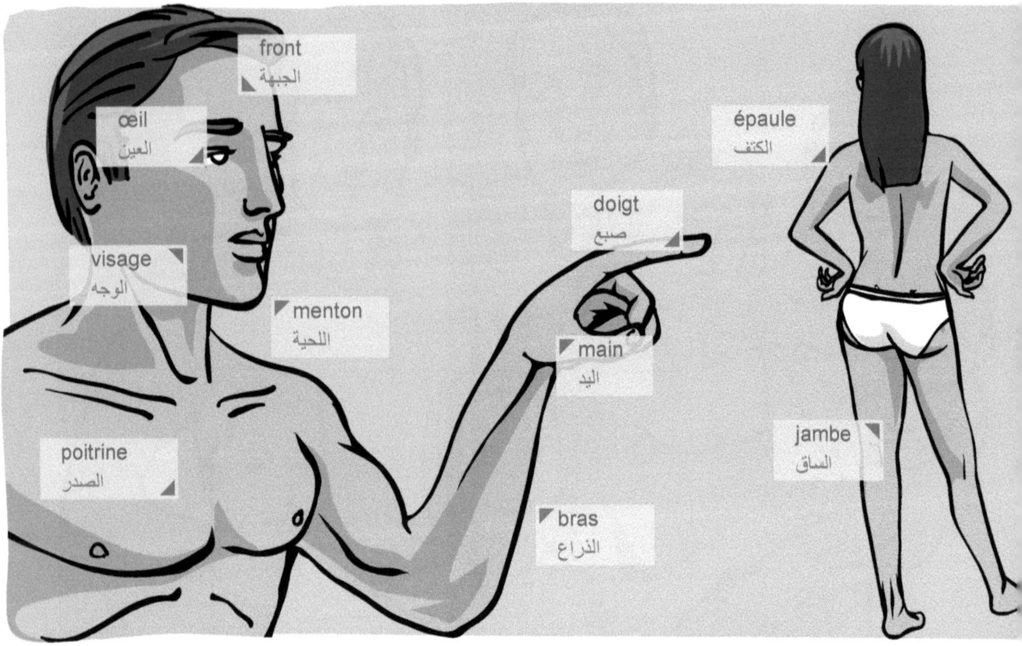

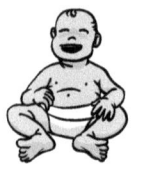

bébé

الذري

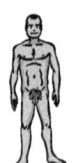

homme

الراجل

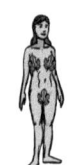

femme

المرا

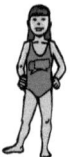

fille

الشيرة، الطفلة

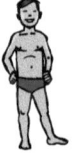

garçon

الشير

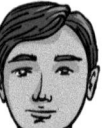

tête

الراس

dos

ظهر

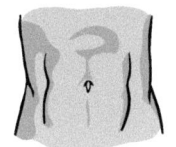

ventre

الكرش

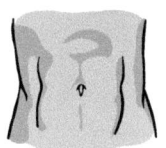

nombril

السرة

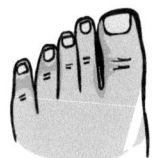

orteil

صبع

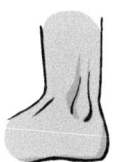

talon

طالون

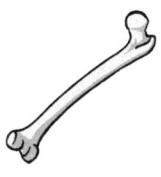

os

العظم

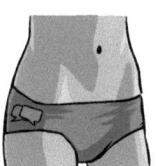

hanche

المرادف

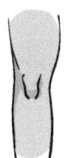

genou

الركبة

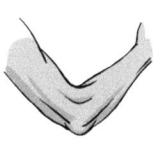

coude

لمرفغ

nez

نيف

fesses

مصاصيط

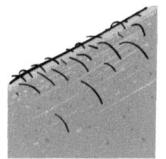

peau

البشرة

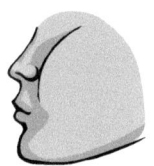

joue

الحنوك

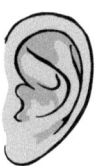

oreille

لوذن

lèvre

ثمورب

bouche

الفم

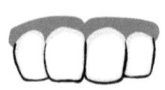

dent

السنة

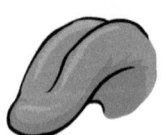

langue

اللسان

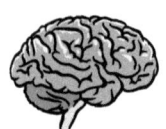

cerveau

الدماغ

cœur

القلب

muscle

العضلة

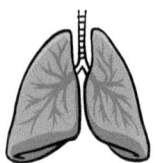

poumons

الرية

foie

الكبدة

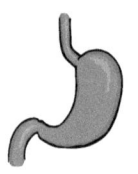

estomac

لسطوما

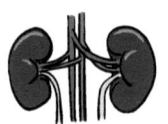

reins

كلوى

rapport sexuel

رابور

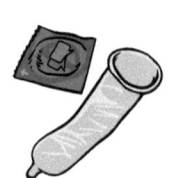

préservatif

بريزارفتيف

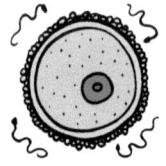

ovule

البويضة

sperme

سبرم

grossesse

بلكرش

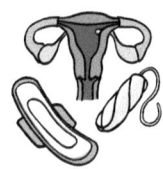

menstruation

ليراغل

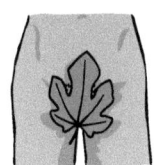

vagin

المهبل

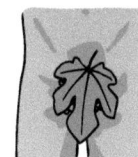

pénis

المذاكر

sourcil

الحاجب

cheveux

الشعر

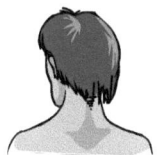

cou

رقبة

hôpital
سبيطار

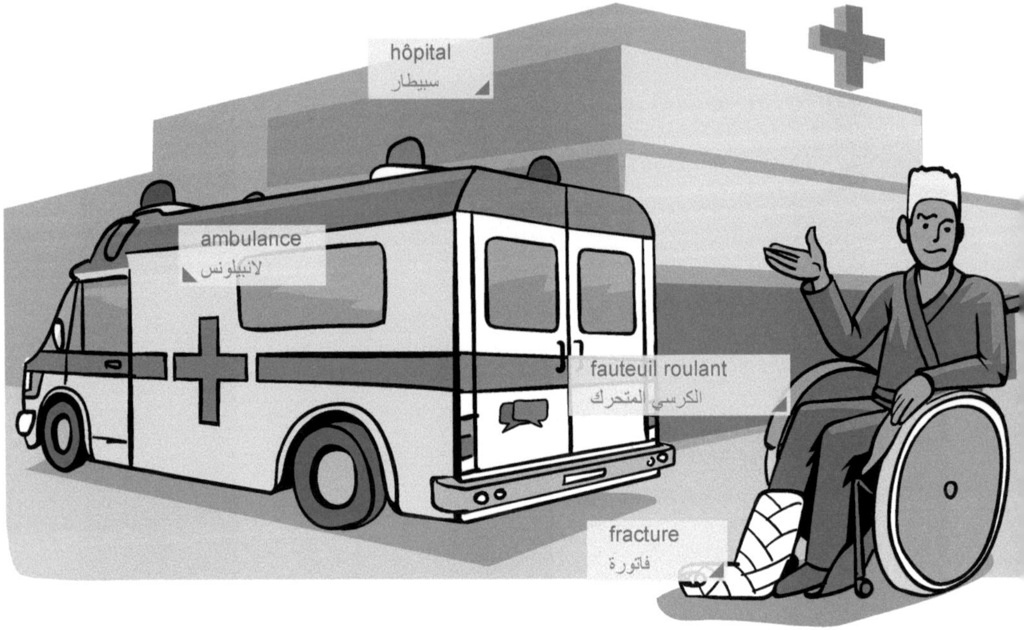

hôpital
سبيطار
ambulance
لانبيلونس
fauteuil roulant
الكرسي المتحرك
fracture
فاتورة

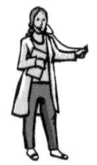

médecin

الطبيب

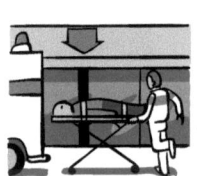

service des urgences

ليزيرجونس

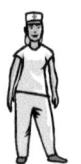

infirmière

الممرضة

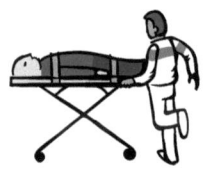

urgence

ليرجونس

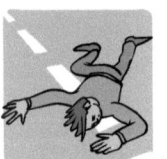

inconscient

تغاشى

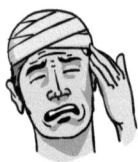

douleur

الوجع

blessure

الجرح

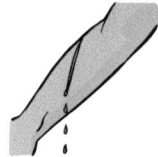

hémorragie

يسل الدم

crise cardiaque

القلب

attaque cérébrale

لافيسي

allergie

لالرجي

toux

الكحة

fièvre

الحمة

grippe

لاقريب

diarrhée

الاسهال

mal de tête

ميغران

cancer

السرطان

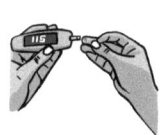

diabète

السكر

chirurgien

الجراح

scalpel

مبضع

opération

عملية تاع القلب

CT

لاسيتي

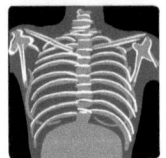

radiographie

الراديو

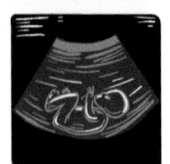

échographie

لولتخازون

masque

لماسك

maladie

المرض

salle d'attente

وين يقارعو

béquille

العكاز

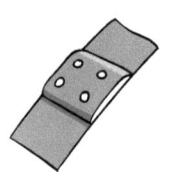

pansement

سكوتش

pansement

لبانسما

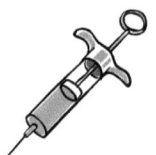

injection

لبرة

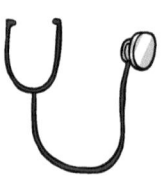

stéthoscope

السماعة تاع الطبيب

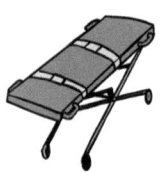

brancard

نقالة

thermomètre

لوزنو بيه الحمة

accouchement

زيادة

surcharge pondérale

السمونية

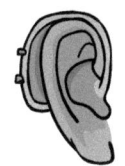

appareil auditif

جهاز السمع

désinfectant

المعقم

infection

لنفكسون

virus

القيروس

VIH / sida

السيدا

médicament

الدوا

vaccination

الفاكسان

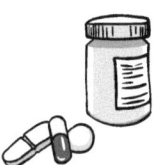

comprimés

الدوا حب

pilule

بيلولة

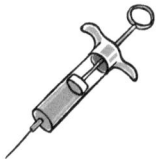

appel d'urgence

يعيط للنجدة

tensiomètre

الجهاز ليقيسو بيه الدم

malade / sain

مريض / صحيح

alarme

لالارم

assaut

يتعدا

Au secours !

سلكوني

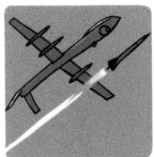

attaque

يهجم

danger

دونجي

sortie de secours

مخرج الطوارئ

Au feu!

النار شاعلة

extincteur

لكستائتور

accident

اكسيدون

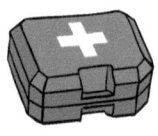

trousse de premier secours

فيزة تاع الاسعاف الاولي

SOS

سلكونا

police

لابوليس

Europe

أوروبا

Amérique du Nord

أمريكا الشمالية

Amérique du Sud

أمريكا الجنوبية

Afrique

أفريقيا

Asie

آسيا

Australie

أستراليا

Océan atlantique

المحيط الأطلسي

Océan pacifique

المحيط الهادي

Océan indien

المحيط الهندي

Océan antarctique

المحيط المتجمد الجنوبي

Océan arctique

المحيط المتجمد الشمالي

pôle nord

القطب الشمالي

pôle sud
القطب الجنوبي

Antarctique
منطقة القطب الجنوبي

terre
أرض

pays
بلاد

mer
بحر

île
جزيرة

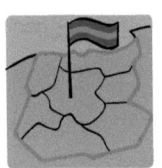

nation
امة

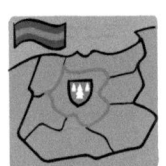

état
دولة

cadran

ميناء الساعة

aiguille des heures

عقرب الساعات

aiguille des minutes

عقرب الدقائق

aiguille des secondes

عقرب الثواني

Quelle heure est-il ?

شعال راها الساعة؟

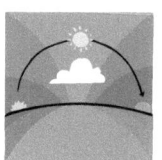

jour

يوم

temps

زمن

maintenant

دروك

montre digitale

ساعة رقمية

minute

دقيقة

heure

ساعة

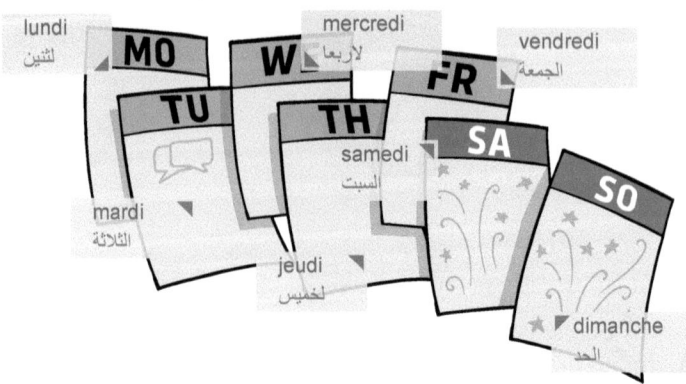

lundi
لثنين

mardi
الثلاثة

mercredi
لاربعا

jeudi
لخميس

vendredi
الجمعة

samedi
السبت

dimanche
الحد

hier

لبارح

aujourd'hui

اليوم

demain

غدوا

matin

صباح

midi

القايلة

soir

العشية

MO	TU	WE	TH	FR	SA	SU
1	2	3	4	5	6	7
8	9	10	11	12	13	14
15	16	17	18	19	20	21
22	23	24	25	26	27	28
29	30	31	1	2	3	4

jours ouvrables

يامات الخدمة

MO	TU	WE	TH	FR	SA	SU
1	2	3	4	5	6	7
8	9	10	11	12	13	14
15	16	17	18	19	20	21
22	23	24	25	26	27	28
29	30	31	1	2	3	4

week-end

ويكاند

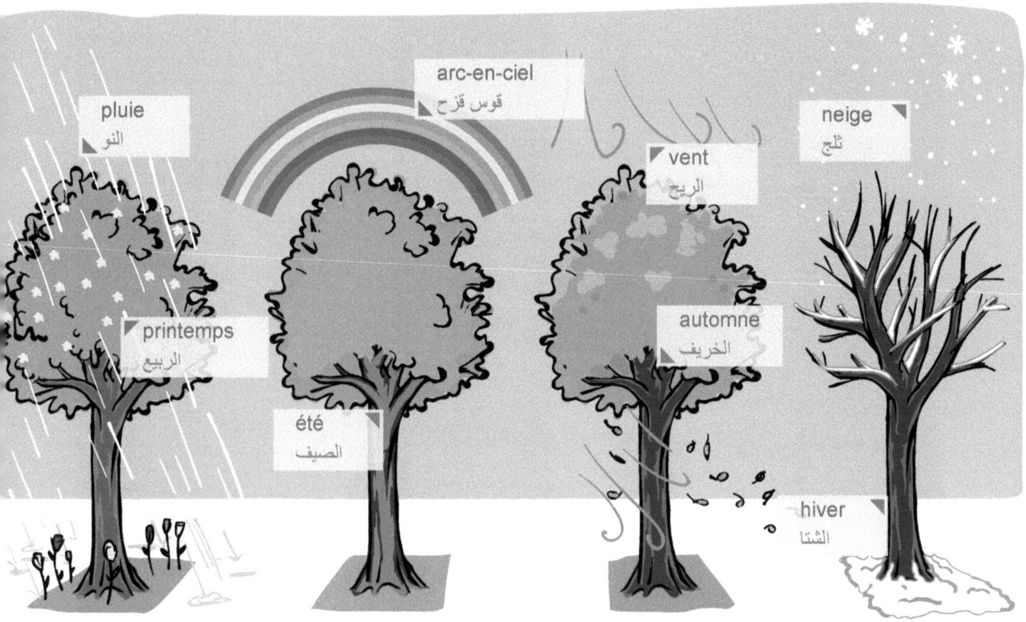

pluie
النو
arc-en-ciel
قوس قزح
neige
ثلج
vent
الريح
printemps
الربيع
automne
الخريف
été
الصيف
hiver
الشتا

4.APRIL 11°
5.APRIL 4°
6.APRIL 13°
7.APRIL 8°
8.APRIL 10°

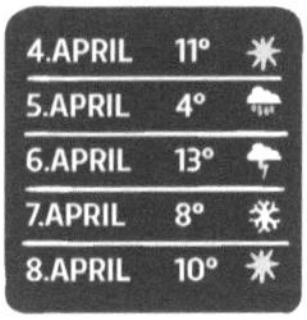

météo

يتنبأ بالحال

F C
120 90 60 30 0 -30
40 30 20 10 0 -10 -20

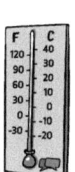

thermomètre

مقياس حرارة

lumière du soleil

ضوء الشمس

nuage

سحابة

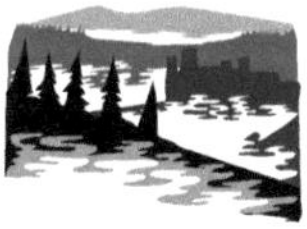

brouillard

ضباب

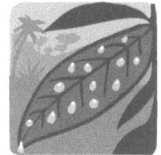

humidité

ميديتي

foudre

برق

tonnerre

رعد

tempête

عاصفة

grêle

بَرَد

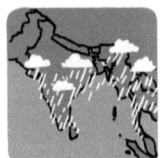

mousson

ريح

inondation

طوفان

glace

جليد

janvier

جانفي

février

فيفري

mars

مارس

avril

افريل

mai

ماي

juin

جوان

juillet

جويلية

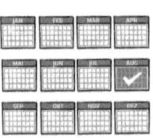

août

اوت

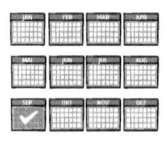

septembre

سبتمبر

octobre

اكتوبر

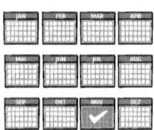

novembre

نوفمبر

décembre

ديسمبر

formes

فورما

cercle

دويرة

carré

مربع

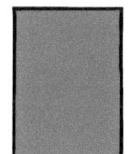

rectangle

مستطيل

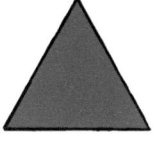

triangle

مثلث

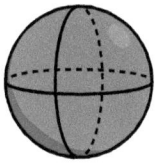

sphère

كويرة

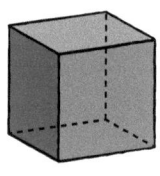

cube

مكعب

blanc

بيض

jaune

صفر

orange

تثيني

rose

روز

rouge

حمر

violet

حلحالي

bleu

زرق

vert

خظر

marron

قهوي

gris

قري

noir

كحل

beaucoup / peu

بزاف / شوية

fâché / calme

زعفان / مكالمي

joli / laid

شباب / مشي شباب

début / fin

البدية / التالي

grand / petit

كبير / صغير

clair / obscure

فاتح / فونسي

frère / soeur

خو / خت

propre / sale

نقي / موسخ

complet / incomplet

كامل / ناقص

jour / nuit

نهار / الليل

mort / vivant

ميت / حي

large / étroit

عريض / ضيق

comestible / incomestible

يقدو ياكلوه / ميقدروش ياكلوه

méchant / gentil

شرير / ناس ملاح

excité / ennuyé

يثير / يمل

gros / mince

سمين / رقيق

premier / dernier

اللولا / التالية

ami / ennemi

الصاحب / لعدو

plein / vide

معمر / فارغ

dur / souple

قاصح / سوبل

lourd / léger

ثقيل / خفيف

faim / soif

جوع / عطش

malade / sain

مريض / صحيح

illégal / légal

غير شرعي / شرعي

intelligent / stupide

ذكي / مبوقل

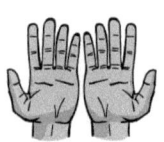

gauche / droite

يسار / يمين

proche / loin

قريب / بعيد

nouveau / usé

جديد / مستعمل

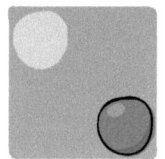

rien / quelque chose

مكانش / شوية

vieux / jeune

شيباني / شاب

marche / arrêt

يشعل / يطفى

ouvert / fermé

محلول / مبلع

faible / fort

يشوية / بلقور

riche / pauvre

مرفح / زوالي

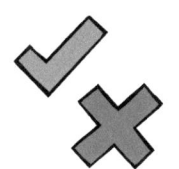

correct / incorrect

نيشان / خاطيء

rugueux / lisse

حرش / رطب

triste / heureux

زعفان / فرحان

court / long

قصير / طويل

lent / rapide

بشوية / بلخف

mouillé / sec

مشمخ / ناشف

chaud / froid

حامي / بارد

guerre / paix

القيرة / لامان

0	**1**	**2**
zéro	un / une	deux
صفر	واحد	زوج
3	**4**	**5**
trois	quatre	cinq
ثلاثة	ربعة	خمسة
6	**7**	**8**
six	sept	huit
ستة	سبعة	ثمانية
9	**10**	**11**
neuf	dix	onze
تسعة	عشرة	حداعش

12

douze

ثناعش

13

treize

تلطاعش

14

quatorze

رباطاعش

15

quinze

خمسطاعش

16

seize

سطاعش

17

dix-sept

سبعطاعش

18

dix-huit

ثمنطاعش

19

dix-neuf

تساعطاش

20

vingt

عشرون

100

cent

مية

1.000

mille

ألف

1.000.000

million

مليون

anglais

انقلي

anglais américain

انغلي تاع مريكان

chinois mandarin

لغة الشنوية

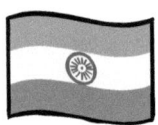

hindi

الهندية

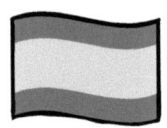

espagnol

سبنيولية

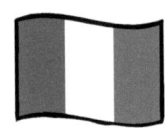

français

الفرونسي

arabe

العربية

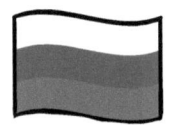

russe

الروسية

portugais

البوتغالية

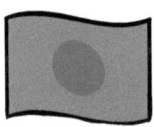

bengali

البنغالية

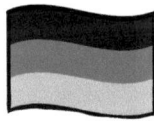

allemand

لالمنية

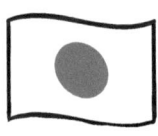

japonais

الجابونية

je

انا

tu

نتا

il / elle / ce, c', cela

هو

nous

حنايا

vous

نتوما

ils / elles

هوما

Qui ?

شكون

Quoi ?

واش

Comment ?

كيفاش

Où ?

وين

Quand ?

وقتاش

nom

الاسم

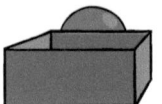

derrière

مرول

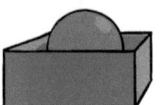

dans

في

devant

قدام

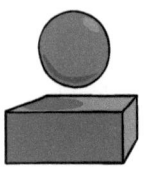

au-dessus

فوق

sur

على

en-dessous

تحت

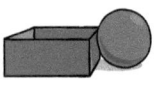

à côté de

حدا

entre

بين

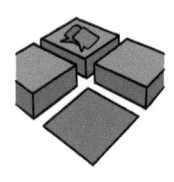

lieu

بلاصة